JN141876

沖縄県知事 翁長雄志の「言葉」

辺野古反対の県民大会でしまくとぅばを織りまぜながらあいさつをする＝2015年5月17日、沖縄セルラースタジアム那覇

本書は、沖縄県知事・翁長雄志氏の知事選出馬から死去までの期間（例外として2013年1月の東京行動と、死去後の県民大会での次男・雄治氏のあいさつを収録）、「沖縄タイムス」紙で掲載された会見・議会答弁・インタビューなどから主要な発言を抽出、時系列に掲げ、当時の背景が理解できるような解説を付して構成している。肩書などはすべて発言時のままである。

2013・2014年

県知事選当確の報道にカチャーシーを踊って喜ぶ＝2014年11月16日、那覇市・選挙事務所

沖縄県民は目覚めた。

２０１３・１・17

復帰後最大の上京行動となった「ＮＯ　ＯＳＰＲＥＹ東京集会」でのあいさつ。当時は那覇市長。建白書で求めた普天間飛行場の県内移設反対を貫く決意を語った。「米軍基地は経済発展の最大の阻害要因」「日本を取り戻すと言うが、この中に沖縄は入っているのか」「沖縄が日本に甘えているんでしょうか」など、本書でもたびたび取り上げられる言葉を、この時でも使用している。

オスプレイ配備撤回を訴え、街頭をデモ行進する＝ 2013 年 1 月 27 日、東京都・銀座

県民は絶対にぶれていないことを見せつけよう。
ありとあらゆる手段で辺野古新基地は造らせない。
全力で頑張る。

2014・11・1

県知事選の総決起大会で。仲井真弘多知事2期目の選挙公約に「県外移設」を盛り込ませた張本人でもある。

父や兄の選挙を支え、気丈な母でしたが、あるときに選挙で負けた際に、私を後ろから抱きしめて、泣きながら「お前だけは政治家になるなよ」と言いました。ところが、人間は不思議なもので、その時に私は「将来、政治家になろう」と決心しました。

2014・11・16掲載

県知事選に向けて沖縄タイムスからの候補者紹介への回答。父と兄の選挙は8勝7敗だったことに触れながら「政治家を志したきっかけ」を記した。その他、政治家として成し遂げたいこととの問いに「沖縄の豊かな自然、琉球王朝時代から生まれてきた歴史や文化、伝統、万国津梁やイチャリバチョーデーの精神など、ソフトパワーの上に立った経済の発展、沖縄のアイデンティティーの確立」。

党利党略を乗り越え、県民に寄り添い、心をひとつにできたことが大きかった。

2014・11・16

県知事選は午後8時にマスコミ各社が一斉に当確を流した。現職の仲井真弘多氏を9万9744票差で破る圧勝。勝因を問われて。「オール沖縄、保革を乗り越える新しい政治のスタイル。まさしく歴史の一ページが開かれた」と評価した。

いばらの道を歩むことになる。

2014・11・19

県庁での当選証書付与式に出席。支持者へのあいさつで喜ぶ姿はなく、日米両政府と向き合う覚悟を込めて。

沖縄の主張は世界に通用する。
本当の民主主義とは何か、沖縄から発信していく。

2014・11・19

当選後初めて、名護市辺野古の米軍キャンプ・シュワブゲート前を訪れて。

何十年にも匹敵する素晴らしい出会いだった。

2014・12・1

知事選で応援に訪れた俳優・菅原文太さん死去の報道を受けて。会ったのはこの一度きりだったが、辺野古の新基地建設問題にも心を寄せ、現地にも足を運んだ菅原さんをしのんで。

政治家は言葉が命。表に出ない相手候補はあり得ない。
一部の政治家がぶれても県民がぶれていないことを
仲里さんの当選で再度示そう。

2014・12・7

衆院沖縄4区に立候補した仲里利信氏の総決起大会で。相手候補が普天間飛行場の県外移設の公約から容認に転じたことを踏まえて。

使いながら、少しずつ覚えていただければありがたい。

2014・12・10

知事就任のあいさつで、那覇市長時代に取り組んだ、うちなーぐち普及運動を要望。

普天間の県外国外、あるいは県内移設はやらないように、あるいはオスプレイの配備撤回を要請したが、残念ながら一顧だにされませんでした。

2014・12・10

知事就任のあいさつ。記者との質疑応答では「今回のオール沖縄あるいはイデオロギーよりアイデンティティーと、保革を乗り越えてと、今回の知事選の枠組みが出来上がっている。これの中心になるのが建白書」と語った。

移設計画をこのまま進めることなく、
わが国が世界に冠たる
民主主義国家であるとの姿勢を示してほしい。

2014・12・12

就任後初となる県議会で所信を表明。「辺野古断念」を求めた。

辺野古新基地反対の民意がぶれないことが示された。

２０１４・12・14

衆院選沖縄選挙区、全４議席を反自民が占めた結果を受けて。

戦後69年間、過重な基地負担に苦しむ沖縄が対案を考えなければならないのは大変理不尽。

2014・12・16

県議会代表質問で。政府の責任で普天間飛行場の県外、国外への移設を目指すよう求めた。

新米なので、
閣僚に直接電話をかけるわけにもいかないし、
失礼してもいけませんから。

2014・12・25

24日に上京したが、25日朝になっても面会日程は一つも決まらず。ちょうど1年前、「いい正月になる」と満面の笑みを浮かべた仲井真弘多前知事とは対照的なクリスマスとなった。

2015 年

菅義偉官房長官との初会談に向かうハイヤーに対して市民からの「ガンバレ、ガンバレ、オナガ」のコールが沸く。窓を開けると、拳を握り、ガッツポーズで声援に応えた＝ 2015 年 4 月 5 日

40の有人島には個性豊かな自然環境があり、
文化、歴史遺産の魅力も素晴らしい。
領空、海域、排他的経済水域の保全という意味でも、
国家的利益の確保に大変貢献をしている。
離島力は沖縄の未来を開く
ソフトパワーの大きな一つだ。

2015・1・1掲載

知事就任後初めて迎える新年に当たり、報道各社のインタビューで。

知事選挙の公約のスローガンである
誇りある豊かさを実現するために
全力を尽くしていきたい。

庁内放送による職員向けの年頭あいさつで。

2015・1・5

（基地関連収入は）戦後すぐは50%だったが
日本復帰時は15%、現在は5%を切っている。
米軍基地が沖縄経済発展の阻害要因ということが
明らかになっている。

2015・1・8

全国知事会議に就任後、初めて出席。名護市辺野古の新基地建設に反対する姿勢を全国の知事に訴えた。

県民の大半を不安に陥れている。
抗議や綱紀粛正の効果が出ていない。

2015・1・16

米海兵隊の攻撃ヘリコプターAH1Wが合計200キロもの装備品を落下させた事故を受け記者の質問に答えた。

沖縄の地理的優位性とソフトパワーを生かして、アジア経済の成長を取り込みたい。

2015・2・9

公約に掲げていた県アジア経済戦略構想策定委員会の概要を発表。新県政で重点政策と位置づけており、観光や物流などの経済分野から民間委員10人を選定。12日に初会合。

県民の負託を受けた知事として、あらゆる権限を使って辺野古に基地を造らせない。

2015・2・16

大型コンクリートブロックがサンゴ礁を破壊した可能性が高いとして、新たな作業の停止や現状報告を沖縄防衛局に指示した。就任後初の知事権限の行使。

沖縄の自然、文化、伝統などソフトパワーに牽引される好調な沖縄観光の将来に影響を及ぼしかねず、ギャンブル依存や地域環境への影響が懸念される。

2015・2・25

県議会代表質問で、カジノを含む統合型リゾート（ＩＲ）について答弁。沖縄への導入は考えていないことをあらためて強調した。

苦渋の選択はない。

2015・3・5

県議会一般質問で。「苦渋の選択」は、過去に保守系の政治家が建設を容認する際に繰り返し使われてきたキーワード。

観光地としての沖縄に注目いただき、
沖縄が有力候補地の一つと発表されたことは大変心強い。
沖縄にはそれを受け入れる素地もある。

２０１５・３・20

ユニバーサル・スタジオ・ジャパン（ＵＳＪ）運営会社の沖縄進出方針の報道を受けて。２０１６年７月に運営会社は断念を発表。「収益性は申し分なかった。親会社が入れ替わり、戦略の変更があった」と説明。

日米関係が悪化するから作業を続行するなら、それは独立国家の行動ではない。

2015・3・27

知事が沖縄防衛局に基地建設に関する作業の一時停止を指示（25頁参照）したことを局側が不服とし、防衛局長が農水省に知事が出した指示の効力停止を申請した。このため、県はファクスで200ページにもなる意見書と参考資料を農林水産省に提出した。県に与えられた意見書の準備期間はわずか3日。単なる法律論を越えて「知事の思い」（県関係者）が色濃く反映された意見書になった。

官房長官が「粛々と」という言葉を
しょっちゅう全国放送で出て参りますと、
なんとなくキャラウェー高等弁務官の姿が思い出されて、
重なり合わすような、そんな感じがしまして、
私たちのこの70年間は何だったのかなというようなことを
率直に思っております。

2015・4・5

菅義偉官房長官との初会談＝2015年4月5日、那覇市

就任後初めて菅義偉官房長官と会談。冒頭10分間だけを公開する予定だったが、大幅に超過。記者団を前に、双方が約15分ずつ主張をぶつけ合った。翁長氏は県幹部が用意した発言メモをほとんど読まなかった。「粛々と（進める）」は辺野古新基地建設について菅官房長官が好んで使う表現。これを「上から目線の言葉を使えば使うほど県民の心は離れる」と批判した。キャラウェー高等弁務官は「沖縄の自治は神話」と言い放ち、米軍占領下で強権政治を敷いた人物。「銃剣とブルドーザー」で米軍に土地を強制接収された歴史にも触れ、「自ら奪っておいて、危険性除去のために沖縄が負担しろという話自体が日本の政治の堕落だ」とも主張した。

＊会談での冒頭発言全文は150頁

成長著しいアジア経済のダイナミズムを取り入れ、沖縄の物流や観光が大きく飛躍する時代を迎えた。

2015・4・21

自身が管理者を務める那覇港管理組合と台湾港務がパートナーシップ港に関する合意書を締結した。那覇港がパートナーシップ港の合意を結ぶのは初めて。「提携は新しい沖縄を開く、大きな一歩と確信している」と、沖縄の物流と観光客の増加に期待した。

リーダーは孤独。
リーダーを目指すには覚悟と行動力が重要だ。

2015・4・23

県職員向けの講話で。那覇市長や知事としての経験も踏まえて。

地元の理解を得られない辺野古移設は不可能で、
頓挫すれば政府の責任。
唯一という言葉を使えば、
日米同盟や安保体制を揺るがす。

2015・4・29

日米首脳会談で安倍晋三首相が「普天間飛行場の危険性を辺野古移設で除去する」と唯一の解決策とした発言に対して緊急会見を開いた。「相変わらず安倍晋三総理のかたくなな固定観念が示された」とも批判。

自民党議員が大きな声で「本土が嫌だと言っているから、沖縄は受け入れるのは当たり前だろう。不毛な議論はやめよう」と発言した。

２０１５・５・９

中谷元・防衛相との会談で、那覇市長だった２０１３年、来県した参院予算委員会の超党派議員と意見交換の場で、米軍普天間飛行場の県外移設について話題が及んだ場面を紹介。その上で「どうやって日本の安全保障を議論できるのか。絶望感があった」と、著しい認識の隔たりを中谷氏に投げ掛けた。

本土並みを合言葉に
県民の努力で勝ち取った復帰だったが、
真の民主主義の実現など
県民の強く望んできた形になっていない。

2015・5・15

復帰の日を迎え、会見でコメント。県民の声を無視するように政府が名護市辺野古の新基地建設を推進する現状を挙げ「自由、平等、民主主義は生かされているのか」と批判した。

ウチナーンチュ、ウシェーティナイビランドー。

（沖縄の人をないがしろにしてはいけませんよ）

2015・5・17

3万5千人（主催者発表）が結集した「戦後70年　止めよう辺野古新基地建設！沖縄県民大会」でのあいさつ。12分間の演説の最後に「どうか日本の国が独立は神話だと言われないように、安倍首相、頑張ってください」に続けてウチナーグチで締めくくった。民意を顧みない日米両政府に向けられた感情の発露に、参加者の熱気は最高潮に達した。

＊あいさつ全文は157頁

沖縄の政治家は沖縄の子を守るため頑張る。日米同盟や日米安保が大切と言えるのは自ら負担しないから。本土と沖縄の保守の違いだ。

2015・5・20

日本記者クラブ、日本外国特派員協会で、就任後、初めて会見し、国内外への発信を本格化した。「このままでは独立論に行き着くのでは」という記者からの質問に「沖縄が切羽詰まって話しているのに、切り離しますか」。声に怒気をにじませ、本土側から切り出される「独立論」に嫌悪感を示した。

かたくななワシントンDCの状況を聞いてきた。
厳しい内容も、私からすると想定内だ。

2015・6・5

就任後初の訪米で米軍普天間飛行場の名護市辺野古移設反対を訴えた。米側は「辺野古が唯一の解決策」と従来の主張を重ねて強調したが、それでも「一人一人と私との議論が浮かび上がる。議論そのものは大変沖縄の言い分を理解した」と成果を強調した。

県の公益が国の公益を上回れば撤回できる。

2015・6・11

沖縄を訪れている日本記者クラブ取材団、共同通信加盟社論説研究会のメンバーと相次いで会見。名護市辺野古の新基地建設に伴う埋め立て承認の「撤回」について初めて具体的に言及した。根拠は、「県内の主だった専門家が法律的に可能と言っている」と挙げた。

（国は）何か不都合なものを隠しているのではないか。

2015・6・18

名護市辺野古沿岸部の臨時制限区域内で、県が求める立ち入り調査を米軍が認めないことを受け臨時会見。

ウヤファーフジ（祖先）の頑張りや、そのご苦労を敬い、
そして子や孫がこれから以降、本当に幸せになるように、
そういったことを思いながら誇り高く生きる心。

2015・6・24

県議会代表質問で、「沖縄の心」を問われて答えた。歴代知事では西銘順治氏が「ヤマトンチュになろうとしてもなりきれない心」、大田昌秀氏は「平和を愛する共生の心」、稲嶺恵一氏は「異質なものを溶け込ませる寛容さ」と表現してきた。

あれだけの権力に脅迫され、それでも突っぱねられたのか。同じウチナーンチュとして、「自主的に提供した」と言われた人の気持ちも考えてみてほしい。

2015・6・29

県議会一般質問で「名護市米軍キャンプ・シュワブの土地は、住民が自主的に提供したか否か」をめぐり、自民会派の県議と激論。県議は「知事は『県民が自ら基地を提供したことはない』と言うが、キャンプ・シュワブは旧久志村も認めて議会が議決している」と主張。これに対し知事は、辺野古区事務所がまとめた「辺野古誌」を引用。米国民政府が1955年に基地建設のため、辺野古、豊原、久志区域500エーカーの新規接収を予告し、反対する字に「これ以上反対するなら強制立ち退き行使も辞さず、しかも一切の補償も拒否する」と強硬に勧告した経緯を指摘した。

米軍に起因する事件・事故は、
一件たりともあってはならない。

2015・6・30

5月末以降に相次いで発生した米兵らによる飲酒絡みの事件・事故に関しての県議会答弁。

ハワイと沖縄は100年を超える
長い交流の歴史を積み重ねてきた。
多くの県系人がハワイで活躍されているのは県民の誇り。
ハワイの皆さまの移住者に対する
ご理解、ご支援に感謝したい。

2015・5・10

沖縄県と米ハワイ州の姉妹都市30周年記念式典で。移住を受け入れたハワイへの感謝を表明。

二度と戦争をやってはいけないというのは万国共通の思いながら、戦争が無くならないのは実に悲しい。

2015・7・12

ハワイ州の米国立太平洋記念墓地「パンチボール」を沖縄県知事として初めて訪れ、米軍戦没者に献花した。ひめゆり学徒隊だった自身の叔母が防空壕内で負傷者を看護中に爆撃で死亡したことや、本島南部で壕内から海を眺めていた祖父が頭を撃ち抜かれ死亡したことも語った。

私は新基地はできないと思っている。
だが、仮にできたとしても日本が失うものは大変大きい。
強行することで世界から野蛮人と見られる。

2015・7・29

都内で沖縄タイムスなどのインタビューに答えて。続けて「そんな中、自由と平等と人権と民主主義を共通して持っている国同士、一緒になって中国と対峙しましょうと言ってもアジアの人は誰も信用しない」。

沖縄以外の都道府県で
日米両政府という権力と戦ってきたところはありますか。
ないでしょう。
こんなにも長く戦ってきた沖縄県に対して
お前ら勝てるのか？　という視点で見るから
政治は何も変わらない。　堕落の政治だ。

2015・7・29

47頁のインタビューでの発言の続き。

対話の道が開け、工事がストップしたのは前進だ。

2015・8・4

菅義偉官房長官が閣議後会見で、米軍普天間飛行場返還に伴う名護市辺野古の新基地建設の作業を1カ月間、中断すると発表したことを受けて臨時会見。辺野古沿岸の埋め立て承認取り消しなどの手続きをその間停止する意向を示した。対立が続く辺野古問題について、集中的に協議する場を設けることになった。

県民の気持ちには魂の飢餓感があり、それに理解がなければ個別の問題は難しいと話した。

２０１５・８・11

県との集中協議に臨むため来県した菅義偉官房長官と夕食をとりながら会談。「魂の飢餓感」は佐藤栄作元首相の秘書官を務めた故・楠田實氏の手記にも出てくる言葉。

大臣が行っても詳しい返事がない。地位協定の壁はそれほど厚いのか。

2015・8・16

中谷元・防衛相との会談で。12日のうるま市沖の米陸軍ヘリ墜落事故を受け、中谷氏は15日に在沖米軍トップのウィスラー四軍調整官と会談したが、事故の正確な発生場所や状況など明らかになっていない部分が多いことから。1997年に日米合意した在日米軍の事件・事故に関する手続きでは、日時や場所、事故概要などを通報する決まりがある。今回は、領海の内か外か、ヘリが海に落ちたのか、といった日本側の被害に関わる情報すらない。

「百考は一行に如《し》かず」。

2015・8・19

課長級以上の職員を対象とした管理者特別研修の講話で「感銘を受けた言葉」として挙げた。「百聞は一見に如かず、百見は一考に如かず」に続く言葉だという。

米国からすると日本国内の問題かもしれないが、
行く末によっては米国も当事者にならざるを得ない。

2015・9・4

離任あいさつで訪れた、在沖米軍トップのジョン・ウィスラー沖縄地域調整官（四軍調整官）に。日本政府と県の集中協議の最終回を控えていることにも触れ、米国内で沖縄の状況や県民感情を伝えてほしいと要望した。

「日本を取り戻す」という中に沖縄は入っているんですか。

2015・9・8

県と政府による集中協議の第5回会合、会合に初めて出席した安倍晋三首相に問いかけた。知事によると反応はなかったという。菅義偉官房長官は移設を「再開する」と明言、協議は決裂。即座に「絶対に阻止をさせていただきます」と答えた。

今思い返しても残念、無念。胸がかきむしられる思いだ。

2015・9・14

埋め立て承認取り消しを表明（60頁参照）。政府との集中協議の決裂を決断した理由に挙げた。記者会見ではよどみなく言葉を紡いだが、唯一、仲井真弘多前知事に言いたいことを聞かれた時だけ、数秒の間が空き、掲げた言葉で答えた。

沖縄の人々の自己決定権や人権はないがしろにされている。

2015・9・21

スイス・ジュネーブの国連人権理事会で声明を発表。同理事会で日本の都道府県知事が声明を読み上げるのは初めて。声明の要約は人権理事会に記録される。

基地問題が一番大きな人権問題だ。

2015・9・22

21日の声明発表に対し、日本政府代表部が「基地問題を人権理事会で取り上げるのはなじまない」と反論したことに再反論。

ネットでは長女が中国の外交官と一緒になり、末娘は中国へ留学とあるが、2人とも中国に行ったこともない。

2015・10・7

県議会代表質問でインターネット上での「うわさ」に反論。質問した議員には「なぜ僕と中国が仲が良いと思うんですか?」と逆質問も。

もし先住民を下に見るような価値観があるとすれば、それはいかんだろう。

2015・10・9掲載

県議会9月定例会で、野党は知事の国連演説に焦点を絞り「『県民は先住民』との印象を国際社会に与えた」など批判を強めた。それに対し、「私は先住民という言葉を今まで使っていない。ウチナーンチュとしての誇りも日本人の誇りも両方持っている」とした上で、くぎを刺した。

本日、埋め立て承認を取り消しました。

2015・10・13

最大の権限といわれる埋め立て承認取り消しを断行。会見での冒頭、歴史的な節目を刻む決断を発表した。これにより県と政府は全面対決に突入。政府は即座に行政不服審査法に基づく審査請求と執行停止申し立てを表明した。

会見で名護市辺野古沿岸部の埋め立て承認取り消しを発表＝ 2015 年 10 月 13 日、県庁

恒久的な基地を何が何でも押し付けるのだという、政府の最後通牒だ。

2015・10・27

石井啓一国土交通相が、埋め立て承認取り消し（60頁参照）の効力を停止すると発表。さらに政府は閣議で、地方自治法に基づいて国が知事に代わって取り消しを是正する代執行の手続きに着手することも決めた。知事は同日夜、出張先から帰任直後に、那覇空港で記者会見に臨んだ。「何が何でも造っていくんだという姿勢」と指摘したように、政府は2日後に埋め立て本体工事に着手した。

他の都道府県では知事や市長が反対しただけで引いてしまう。

2015・10・29

政府がオスプレイの佐賀空港での訓練移転を、「地元の反対」で取り下げたことを受けて。2014年の知事選前に政府が訓練移転を大々的に打ち上げた経緯もあり、「沖縄の基地問題で難しい環境が出ると（政府から）いい話が出てくる。それを私は話くわっちー（話だけのごちそう）と言っている」と批判した。

稲嶺（恵一）知事が15年という期限を設けて
軍民共用を許可したこと。
あるいは岸本（建男）市長が使用協定を。
こういったことも一緒に議論させてほしい。
期限について稲嶺さんの考えを
たいへん重要視したからこそ橋本内閣で閣議決定した。
そして小泉内閣の時にこの閣議決定を取り消した。

2015・11・2

記者会見で、自身が県議時代に県議会で普天間飛行場の県内移設を求める決議を主導したことを菅義偉官房長官が指摘しているとの質問を受け、反論。当時の稲嶺恵一知事が辺野古移設を容認する条件として「15年使用期限」「軍民共用」を提示し、岸本建男名護市長も市と米軍による基地使用協定の締結など条件を付けた経緯を強調。移設の前提が変わっている点を指摘した。

県民を分断する発言を堂々と国会で言うこと自体が政治の堕落だ。

2015・11・11

辺野古の埋め立て承認取り消しに対する国の是正指示（62頁参照）に「従わない」と正式表明した記者会見。名護市辺野古の埋め立て承認取り消し（60頁参照）は〝適法〟と主張。その場で、菅官房長官が「反対運動への配慮」を理由にして久辺3区に直接振興費を支払うことに触れて発言。

台湾と沖縄はきょうだいのような親しい関係にある。

２０１５・11・12

沖縄ナイトｉｎ台湾のトップセールス団団長として、台湾・桃園市の中華航空を訪れ、沖縄観光の発展に向けた連携強化を確認。

このたびの訴えの提起は法律に基づくものであるとはいえ、沖縄県民にとっては「銃剣とブルドーザー」による強制接収を思い起こさせる。

2015・11・17

名護市辺野古の新基地建設で、知事の埋め立て承認取り消し（60頁参照）は違法として、石井啓一国土交通相が、代執行に向けた訴訟（62頁参照）を福岡高裁那覇支部に起こしたことを受けて。「沖縄県の自己決定権のなさは70年前も今もそう違わない」とも。

あらゆる手段を駆使して
辺野古に新基地造らせない公約の実現に向け、
不退転の決意で取り組む。

2015・11・25

県議会11月定例会で提出議案の説明に先立ち、決意表明。「あらゆる手段」「不退転の決意」は以前も以後も繰り返されるキーワード。

この裁判で問われているのは、単に公有水面埋立法に基づく
承認取り消しの是非だけではありません。
日本には、本当に地方自治や民主主義は存在するのでしょうか。
沖縄県にのみ負担を強いる
今の日米安保体制は正常といえるのでしょうか。
国民の皆さますべてに問いかけたいと思います。

２０１５・12・2

代執行訴訟（68頁参照）の被告として意見陳述。約10分間にわたって思いを訴えた。主な柱は「沖縄の歴史」「自己決定権」「基地経済・沖縄振興」「地方自治」だった。

＊意見陳述全文は162頁掲載。

辺野古新基地を巡る代執行訴訟の集会で＝ 2015 年 12 月 2 日、那覇市・城岳公園

政治的な側面が強すぎる。作為的だ。

2015・12・4

日米両政府が普天間飛行場などの一部（計7ヘクタール）返還合意を発表。翌年1月の宜野湾市長選を有利に戦うための政治的判断が働いたとの見方も強い。知事は一定評価したものの「何かしら困難な話が出てきた時の、話クワッチー（話のごちそう）」と、政府に対する不信の言葉が口をついた。

地方自治が20年前とは違う考え方で議論された。
（委員の中で）一人二人、意見を強く
おっしゃった方がいたのは敬意を表したい。

2015・12・25

第三者機関の国地方係争処理委員会は24日、国交相の停止決定（62頁参照）を違法と訴えた知事の審査申し出を却下した。実質審議まで至らなかった結果に「委員会の存在意義を自ら否定しかねない。誠に遺憾だ」と批判しながらも、7時間もの議論と多数決の末の決定に、わずかな光明を見いだした様子だった。

その後ろ姿を見せることで、子や孫がその思いを吸収し、
彼らなりに沖縄の将来を担っていくことにつながる。
私たち責任世代の役割はそこにあるのではないか。

2015・12・25

県が国を訴える抗告訴訟を那覇地裁に起こした。国は知事を相手に取り消し処分の取り消しを求める代執行訴訟を起こしており（62頁参照）、新基地建設問題に関する二つの訴訟が同時進行する異例の事態に発展した。国との激しい対立は先行きが見えぬまま越年。知事は「確かに厳しい環境にある」と認めた上で、闘い続ける意義を語った。

2016年

元海兵隊員の米軍属による暴行殺人事件の現場で献花する＝2016年6月1日、恩納村内

すれすれの法治国家ではないかという中で、
地方自治と民主主義が問われている。
しっかりと主張して、
けじめをつけるのが正しいと思っている。

2016・1・20

県の審査申し出を却下した国地方係争処理委員会（係争委）の判断（73頁参照）を不服として、福岡高裁那覇支部に提訴すると発表。代執行訴訟、抗告訴訟（74頁参照）と合わせ三つの裁判が同時進行する事態に。掲げた言葉は、ある記者から「また裁判を起こすのはちょっと分かりにくい」として、知事の姿勢を問う質問が出たことに対しての反論。

「唯一」というなら対話は進まない。和解に応じた時に話す言葉ではないと思う。

2016・3・4

代執行訴訟（68頁参照）で、福岡高裁那覇支部が示した工事中止を含む和解案を国・県双方が受け入れ、和解が成立した。一方、安倍晋三首相は首相官邸で記者団に「辺野古が唯一の選択肢であるという国の考え方に変わりはない」と従来の方針を強調した。溝の大きさを物語るように、国は和解から3日後、協議前に法的措置（取り消しを是正するよう指示）を開始。また31日に安倍首相はオバマ米大統領に辺野古が唯一の解決策との認識を説明、これに対して「『円満解決に向けた協議を行う』という和解条項の趣旨にもとるもので、和解の精神を軽んじている」と非難した。

強い憤りと、やるせなさをもって抗議する。

2016・3・16

米海軍兵による女性観光客への暴行事件で、謝罪に訪れた在沖米軍トップのローレンス・ニコルソン四軍調整官に対し怒りをぶつけた。ニコルソン氏が「良き隣人」という言葉を強調したことには、「何十回、何百回もこういう形で抗議しているが、一向に良くならない。良き隣人と言う言葉が、実行された試しがないというのが、正直な気持ちだ」と強い口調で語った。

子どもの貧困対策は、基地と並ぶ県政の軸だ。経済、雇用と連動して解決する必要がある。

2016・3・25

行政と経済界、労働界でつくる政労使会議にあたる「県雇用対策推進協議会」で。県内で深刻な子どもの貧困への対策と雇用対策を連動し、一体的に解決策を探る意向を示した。

どういう形であれ、県内移設は県民に理解されなかった。

2016・4・8

普天間飛行場の返還合意から20年となる12日を前に報道各社の取材に応じ、返還が実現しない要因を挙げた。また、代執行訴訟和解勧告（77頁参照）に触れ、「沖縄を含めオールジャパンで議論し、解決策を見いだしてアメリカと交渉しなさいということだ」と述べ、辺野古が唯一の選択肢ではないと強調した。

大臣の是正指示は、
かけがえのない自然と生態系への破壊指示であり、
地方自治の破壊そのものではないでしょうか。

2016・4・22

総務省の第三者機関「国地方係争処理委員会」（係争委）の第3回会合で意見陳述。意見陳述（70頁参照）は代執行訴訟に続き2度目。沖縄の苦難の歴史を軸に訴えたが、今回強調したのは、辺野古の環境の重要性と地方自治の在り方だった。

沖縄県民の心に寄り添った言い方に感銘を受けた。

2016・5・18

米国での会談日程を終えて取材に応じた。同日会談した、元米副大統領で駐日大使を務めたウォルター・モンデール氏が「沖縄の基地は全て強制接収されたもので、大変申し訳ない」と述べたことで。

この怒りは持って行き場がない。痛恨の極み。
沖縄の知事として大変残念だ。

2016・5・19

行方不明だった女性の遺体が発見され、元米海兵隊員で米軍属の男が
逮捕されたとの一報を受けて。

日米地位協定の抜本的な見直しとともに、
海兵隊の削減を含む米軍基地の整理縮小など、
過重な基地負担の軽減を先送りすることなく、
直ちに実現するよう強く求めます。

2016・6・23

沖縄全戦没者追悼式での知事平和宣言から。「海兵隊の削減」は19日に開かれた元海兵隊の軍属による暴行殺人事件に抗議する「被害者を追悼し海兵隊の撤退を求める県民大会」を踏まえて。

憤りや悲しみを表現することが本当にむなしい。

２０１６・６・27

米軍嘉手納基地所属の軍属の男が道交法違反（酒気帯び運転）の疑いで現行犯逮捕されたことに。再発防止や綱紀粛正を求める中で再び起きた事件に、「一体全体、私たちはこれ以上の言葉をどう言っていいのか全く分からない」とも。

チャンミーグヮー（沖縄空手の第一人者とされる喜屋武朝徳）の「自分は誰も倒すことなく一生を送った最大の幸せ者だ」との言葉にはとても感銘した。

２０１６・７・６掲載

「沖縄タイムス」企画の、沖縄空手の保存・普及・発展についての座談会で発言。さらに「神髄である戦わずして自分を守る『平和を求める心』は沖縄にマッチする」とも。県は４月に空手振興課を新設、17年３月には沖縄空手会館もオープン、「ことし（２０１６年）、来年は沖縄空手普及の原点になる」と力説した。

用意周到にこの日を待っていたというのが見え見えで、到底容認できない。

2016・7・11

沖縄防衛局が、東村高江の米軍北部訓練場のヘリコプター着陸帯（ヘリパッド）建設のため資機材を基地内に搬入し、工事に向けた書類を県に提出した。参院選選挙区で基地建設に反対する伊波洋一氏が当選した翌日早朝のことだった。

きょうから協議がスタートするという時に提訴するとの話になり、大変残念だ。

2016・7・21

政府は、埋め立て承認取り消しに対する国の是正の指示（77頁参照）に知事が応じないのは違法として、違法確認訴訟を起こすことを決め、首相官邸で開いた政府・沖縄県協議会で菅義偉官房長官が伝えた。政府が最重要課題の一つに位置付ける米軍普天間飛行場の返還や危険性除去、基地の負担軽減を協議するために開かれた会合は、計30分の予定がわずか20分で終了。事実上、政府の提訴方針を伝える場となった。

国の強硬な態度は異常だ。

2016・7・22

沖縄防衛局が約2年ぶりに米軍北部訓練場のヘリパッド建設に着手した。反対する市民を本土から応援の機動隊が強制排除、怒号が響く中での工事強行。また同日、国は違法確認訴訟（88頁参照）を福岡高裁那覇支部に起こした。

あなたは国家権力を知らない。

2016・8・19

埋め立て承認取り消し処分を取り下げないのは違法とした、違法確認訴訟（88頁参照）の第2回口頭弁論が行われ、訴訟は同日で結審した。本人尋問で知事は「和解条項などに従い、辺野古問題は協議で解決するべきだ。国には話し合いの姿勢が欠けている」と主張。その後の取材で記者から協議について「国への働き掛けが弱かったということはないか」の問いかけに語気を強め答えたのが掲げた言葉。「協議は15分か20分。式次第が事前にあり、議論はない。中谷大臣はいつも同じ話で、中国脅威論と沖縄の地理的優位性だ」などと、これまで議論を深めたくても肩透かしに遭ってきた経緯を説明した。

辺野古違法確認訴訟第２回口頭弁論に臨む翁長雄志知事（左端）＝ 2016 年 8 月 19 日、那覇市樋川

あぜんとした。
裁判所は政府の追認機関であることが明らかになった。

2016・9・16

「辺野古違法確認訴訟」（88頁参照）で福岡高裁那覇支部は国側の主張を完全に踏襲、県側敗訴の判決を言い渡した。裁判長は「普天間飛行場の騒音被害を除去するには、辺野古に新基地を建設するしかない」と指摘。知事は判決後の記者会見の中で、「あぜん」という言葉を4回使った。司法への強い失望感をにじませた。

侮辱的な言葉が飛んできた。
そういう言葉は人と人の絆を壊す。

2016・10・19

東村高江のヘリパッド建設現場で抗議する市民らに、県外の機動隊員が「土人」と発言した問題で、異例の会見を開き、怒りをあらわにした。

ぜひ沿道で「待っちょーたんどー」と声を掛け、ウチナーンチュのチムグクルで温かく迎えよう。

2016・10・26

第6回世界のウチナーンチュ大会の前夜祭パレードが行われ、大会実行委員会会長を務める知事はこう呼びかけた。

将来は沖縄にアジアの国連みたいなものがあり、中国、北朝鮮、フィリピン、ベトナム、みんな来ていただき、経済活動の拠点化を目指す

2016・11・6

「自治体議員立憲ネットワーク」の研修会で講演。「県のアジア経済戦略構想には、こうした考えが含まれている」と述べた。

経済も平和も含め、
アジアの中でどうやって沖縄が生きていくか、
私が話す原点があったんだと思う。

2016・11・11

県が国際都市形成構想を決定してから20年、自身が沖縄の将来像やアジア戦略を描く原点になっているとの認識を示した。当時は県議だった。

苦渋の選択の最たるものだ。4千ヘクタールが返ることに異議を唱えるのはなかなか難しい。

2016・11・28

知事就任2年を前に報道各社のインタビューで北部訓練場へのヘリパッド建設について答えた。この発言で「ヘリパッド容認」と一斉に報じられたが、それについては「不本意」だとして、「辺野古に新基地を造らせず、オスプレイの県外配備の実現に取り組むことでヘリパッドの存在価値は失われ、この問題は収斂されていく」と改めて説明した。

問題点の多い高裁判決を容認した。深く失望し、憂慮している。

2016・12・20

「辺野古違法確認訴訟」（92頁参照）の上告審で、最高裁第2小法廷は、県側の上告受理申し立てを棄却する判決を言い渡し、県側の敗訴が確定した。発言は判決後の記者会見で。この判決を受け26日、埋め立て承認取り消し処分を取り消した。

政府は沖縄県民を日本国民として見ていない。

2016・12・22

名護市安部の海岸での墜落、普天間飛行場内での胴体着陸と相次いで起きたオスプレイの事故（12月13日）に抗議する緊急抗議集会で。欠陥が指摘され、これまで配備撤回を求めてきたオスプレイが1日に2件の事故を起こしたことに、強い憤りを示した。

すぐ強行に協議を抜きに再開するだろうなと思っていた。
びっくりすることではない。

2016・12・27

埋め立て承認取り消し処分を取り消した（98頁参照）翌日、県の求めていた事前の協議がなく国が辺野古工事を再開した。その上で「これからも辺野古新基地を造らせないよう、全力を挙げてがんばっていきたい」と宣言した。

2017年

キャンプ・シュワブゲート前で「辺野古に基地は造らせない」と訴える＝2017年3月25日

何回も言うが当事者能力が日本政府にはない。

２０１７・１・５

前年12月13日の墜落事故以来中止してきたオスプレイの空中給油訓練が再開された（事故から6日後の19日には一方的に全面飛行を再開していた）。一方、米側は訓練を実施したか明らかにせず、訓練実施の有無を問い合わせた県に対して沖縄防衛局は「米軍の運用に関わることで答える立場にない」と返答した。

トランプ大統領は方向性が見えない。今までは硬直化していたが、場合によっては動くかもしれない。

2017・1・30

就任後3度目のワシントン訪問を前に。2月5日に帰沖し、記者団に「3回目の訪米だったが、過去最高の手応えだった」と意義を語った。

なまからるやんどー、なまからるやんどー。

（今からが本番ですよ、今からが）

2017・3・25

名護市辺野古の米軍キャンプ・シュワブゲート前での新基地建設に反対する県民集会に参加した。「撤回を力強く、必ずやります」と埋め立て承認を撤回する方針を明言した後に掲げた言葉を続けた。ゲート前で座り込みが始まって993日目。今か今かと待ち望んだ知事の姿に、ゲート前はこの日一番の喝采に包まれた。

ずっと政治をしてきたが、子どもたちの幼稚園から高校時代まで、
すべて私がホームビデオを撮ってきた。
節目には家族でビデオを見ながら話せるのが、
個人的な「豊かさ」かなと思う。

2017・4・13

若手県職員約150人を対象に講話、自身の「家庭と仕事の両立」についてのエピソードを紹介した。県は2017年度を「働き方改革元年」と位置付け、年休や夏季休暇、男性の育休を積極的に職員に取得させる新たな取り組みを始めたばかり。

4年前に政府主催で主権回復の日を祝って以降、
基地問題を含むいろんな形で
政府と県、本土と沖縄のすれ違いがある。

2017・4・28

サンフランシスコ講和条約の発効から65年を迎えたこの日、記者会見で。2013年4月28日に政府は「主権回復の日」として式典を開いた。一方、同条約発効によって日本から切り離された歴史を持つ沖縄では、式典開催に抗議する「4・28『屈辱の日』沖縄大会」が開かれた。

大きな夢や希望、自信と誇りを
与え続けていただいたことに、
県民を代表して心から感謝したい。

2017・5・26

東村が生んだ女子ゴルフ界のスーパースター、宮里藍選手の現役引退
発表を受けコメント。

敗訴が確定したから
（国が工事を）自由にやれるということではない。
無許可での工事が始まっており、
県として差し止め訴訟が可能と判断した。

２０１７・６・７

沖縄防衛局が県の岩礁破砕許可を得ずに工事を進めるのは県漁業調整規則違反として、岩礁破砕行為を伴う工事の差し止めを求める訴訟を起こすと発表。辺野古新基地を巡る県と国の裁判は５度目となる。

大田さんの気持ちを理解し、さらに大きな流れを沖縄でつくりたい。

2017・6・12

沖縄県知事を2期8年務めた大田昌秀さんが死去した。知事として平和行政に力を入れ、基地問題では国と法廷で対峙した大田さんに誓うように語った。

（米軍には）絶対に那覇空港を使わせない。

2017・7・5

県議会6月定例会で。2013年に日米両政府が合意した統合計画で、米軍普天間飛行場の返還条件の一つに有事など緊急時の民間施設の使用が盛り込まれている。滑走路の長さから勘案すると那覇空港が想定されることから。稲田朋美防衛相は、米側との調整が整わなければ普天間飛行場は「返還されないことになる」と明言した。答弁や統合計画を踏まえると、辺野古の新基地が完成しても、返還条件が満たされなければ、普天間飛行場の返還は実現しないことになる。

なし崩し的にSACO合意を踏みにじれば嘉手納の使用、日本の安全保障にも懸念が出る。

2017・7・7

嘉手納基地でのパラシュート降下訓練強行、使わないことを決めたはずの旧海軍駐機場を再使用するなど、日米特別行動委員会（SACO）合意違反の運用が相次いだことから、三市町連絡協議会（三連協）を構成する沖縄市、嘉手納町、北谷町の3首長とともに抗議。知事と三連協が合同で要請行動するのは初めて。

ヌチカジリ、チバラナーヤーサイ。
（命の限り頑張りましょう）

2017・8・12

「翁長知事を支え、辺野古に新基地を造らせない県民大会」で、恒例となったしまくとぅばであいさつ。「民意はいささかの揺るぎもない。私の責任で必ず辺野古埋め立て承認を撤回する」と決意を表明した。

オスプレイ配備も国は20年前から協議したことはないと言ってきた。協議していないと言われても当時を思い出し、結局浮上するのではとの恐怖心がある。70年間の肌感覚だ。

2017・8・14

来県した小野寺五典防衛相と会談。普天間飛行場の返還条件の一つに民間空港の使用が含まれている問題（110頁参照）に関し、「那覇空港は使用するのか」と繰り返し尋ねたが、防衛相は「日米で中身が協議されていない」と言及を避けたことを受けて。

大きな枠の中で腹八分、五分、四分で力を結集して物事が成就できたらいい。その立場で知事をやっている。

2017・8・17

県の管理者特別研修で講話。自身を支援し、名護市辺野古の新基地建設に反対する「オール沖縄会議」について述べた。

オスプレイの構造的な欠陥については、
言わないようにしているのではないかという風にしか
私にはとれない。

2017・9・11

前年12月のオスプレイ墜落について、防衛省発表した事故調査報告書が、操縦士のミスと結論づけたことを受けて。

沖縄の平和への思いが
若い人たちに伝わっておらず、危惧している。

2017・9・19

沖縄戦で「集団自決（強制集団死）」が起きた読谷村波平のチビチリガマが荒らされた問題で、逮捕されたのが10代の少年だったことに懸念を示した。

変わらなかったということに、むなしさを感じてほしい。
真剣に思いを深めてもらいたい。

2017・9・21

嘉手納基地でのパラシュート降下訓練がまたも強行された。知事は、県や地元自治体の要請（111頁参照）をもとに、8月に米国で開かれた外務・防衛担当閣僚による安全保障協議委員会（2プラス2）でパラシュート降下訓練の中止などが議題にあがったことに触れ、「（訓練中止に向けて防衛省は）今回は力を入れたかもしれないが、はね返された。結果は何ら変わらないという印象を受けた」とした上で発言。

沖縄がどうやって主張するかは、
国政与党の自民党県連がもっとしっかり
やっていただく方が力を発揮できると思う。
こちらでしゃべってください。

2017・10・2

県議会一般質問で答弁の際、やじを飛ばしていた自民党県連会長の県議に対し、自分に代わって話をするよう求めた。その後、抗議を受け、発言を取り下げ、陳謝した。「(質問が) 現実と理想をうまくかみ合わせてやると言ったので、それができるのは国政与党という気持ちだった」と話した。

読み上げるのもむなしい限り。
今まで何十回、こういう形で話したか。

2017・10・12

11日に発生した東村高江での米軍ヘリ炎上事故で、自民党の岸田文雄政調会長と会談。用意した要請書を読み上げずに手渡すことで怒りを伝えた。

何でもやるなら、ヘリパッドこそ撤収してもらいたい。

2017・10・18

東村高江での米軍ヘリ炎上事故と、その1週間後の同型種の飛行再開を受けて、これまで曖昧だったヘリパッドへの態度を明確にした。掲げた言葉は、事故のあった現場の高江区区長に、菅義偉官房長官が電話で「何でもやる」と言ったことを踏まえて。「切実な思いは使用停止、むしろ撤去だ」としたが、その後、住民の生活に大きな影響を与えるヘリパッド3カ所の使用中止を優先させる考えを示した。

20年間の友好関係を基礎に、経済、文化の交流を深め、いい形で、いい方向性を見つけたい。

2017・11・9

沖縄県と中国福建省の「友好県省締結20周年記念事業」訪問団団長として、出発前に意気込みを語った。

われわれがどう話しても大きな力が
押しつぶして、通り過ぎていく。
国家の品格を信じられなくなるくらい
さみしいことはない。

2017・11・9

MV22オスプレイの10万飛行時間当たりの重大事故（クラスA）発生率が9月末時点で、普天間飛行場配備前の12年9月末に比べ約2倍に跳ね上がったことに、「沖縄県民からすると耐えられない」と不快感を示した。その上で、「事故率のみで安全性を評価するのは適当ではない」という日本政府の主張にはいら立ちを見せ、述べた言葉。

いつも米国は東京のせいにし、
東京は米国に何も言えない。
この状況の中で、沖縄の問題が全く解決しない。
日米の安全保障体制は
沖縄という砂上の楼閣に乗っている。

2017・11・20

在沖米海兵隊の上等兵が飲酒運転し死亡事故を起こした疑いで逮捕された事件で、謝罪に訪れた在沖米軍トップのニコルソン四軍調整官に対して。

一つの学校の上空を飛ばないことさえ、十分にできていない。

2017・12・19

12月7日、宜野湾市内の普天間第二小学校へ米軍ヘリが窓を落下させた。衝撃的な事故だったが19日、「人的ミスが原因で構造的な問題は見つからなかった」として、在沖米海兵隊は同型機の飛行を再開した。同校をかすめるように飛び、構内に隣接する普天間第二幼稚園近くの上空を通過したのを記者が確認した。

2018 年

膵臓に腫瘍が見つかったことを発表＝ 2018 年 4 月 10 日

私の行く末より、沖縄にとって何ができるか、だ。
私が来年どうするかに、とても考えが及ばない。

2018・1・1掲載

新春インタビューで。2期目の意欲を問われて。

沖縄が全国の米軍専用施設の70％を引き受けているのに、
全国民的な関心は残念ながら低い。
ワジワジー（怒り）もするし、悲しくもなる。
いろんな思いがあるが、
その中で闘っていかなければならない。

2018・1・8

6日にうるま市与那城伊計の海岸に米軍ヘリが不時着したことに「言葉を失う」と非難した。前年から米軍機の事故やトラブルが相次ぐも、抗議を意に介せず訓練が続いている現状を嘆いた。

沖縄のことを心から考えて頂いていた方が
また一人お亡くなりになり、大変残念でならない。

２０１８・１・26

官房長官や自民党幹事長などを歴任した野中広務氏が亡くなったことを受けコメント。野中氏は党や政権幹部としてたびたび沖縄を訪問、基地問題、経済振興に深く関わった。

本土の政治家の無理解は背筋が凍るような思いだ。

2018・1・29

松本文明衆院議員が本会議での米軍普天間飛行場所属機の不時着を巡る代表質問中に「それで何人死んだんだ」とやじを飛ばした問題で内閣府副大臣を辞任したことについて。辞表提出翌日の27日には、「あの一言でびっくりするようなものではない。沖縄担当の副大臣をされているときも、沖縄に対する認識は全くなかった」と批判していた。

おやじは1票差で負けた。
私は1票の重さを身をもって知っている。

2018・1・29

名護市長選挙の選対会議で、運動の緩みを指摘して。市長選は、新基地建設反対を掲げ2期8年を務めた「盟友」の稲嶺進氏は3458票差をつけられ敗れた。

相手候補当確を伝えるテレビ速報が流れた瞬間、画面に見入る稲嶺進氏（右）、翁長雄志知事＝ 2018 年 2 月 4 日、名護市大中の選挙事務所

県、県議会、市町村が同じ方向を向いている。一丸となって要求する状況ができている。

2018・2・1

相次ぐ米軍ヘリの不時着や事故を受け、県議会が普天間飛行場の即時運用停止を求める抗議決議と意見書を可決したことを歓迎。「与野党が全会一致で決議した重みは大変大きい」とも。

米国は日本政府に言えといい、日本政府は形式的な言葉だけで県民の生命、財産を守り切れない。

2018・2・9

うるま市伊計島の西海岸近くで、オスプレイの部品が見つかった。米軍は前日には部品落下の事実を認識していたが、日本側には通報していなかった。相次ぐ事故を受け県や市町村が在沖米軍全機の点検とその間の飛行停止を求めているが、米軍は応じていない。

そんなにお金がもらえるなら
（基地を引き取って）振興策をもらったらどうだと
逆提案したいぐらいだ。

2018・2・15

全国知事会の米軍基地負担に関する研究会で。「沖縄は基地で食べている」といった声があるなど、本土と沖縄の認識の溝があることに不満をぶつけた。

私の二十歳のころの英雄。

２０１８・２・20

プロボクシング世界王者の比嘉大吾選手と師匠の具志堅用高さんへの県民栄誉賞贈呈を発表した。具志堅さんは5歳年下の同世代。

海だから墜落しても大丈夫だと言われても心が痛い。

２０１８・２・20

参院外交防衛委員会のメンバーと会談。普天間飛行場の名護市辺野古移設により安全性が確保されるとし、地元に理解を求める考えを示した委員に対して、普天間と辺野古は直線距離で30キロほどしか離れていないことに言及し、辺野古移転では基地負担軽減にはつながらないとの認識を示した。

撤回しろしろと大変な質問を受けている。オール沖縄でまとまりつつある感じがする。

2018・2・27

県議会で新基地建設容認の自民県議から「(知事は撤回を)やるやるとばかり言って、やるやる詐欺だ。いつやるのか」と質問したのに対し右のように答え、笑いを誘った。

常に沖縄戦に触れた温かい言葉、
励ましの言葉を県民は賜っている。
平和への大変な思いを持ち、
退位を前にご訪問いただいた。
感激と同時に感動している。

2018・3・27

天皇、皇后両陛下が退位を控えた中で来県。お二人の県内視察の様子を述べた会見の中で。

国際物流ハブなどの構想と合わせて沖縄を国内外のヒト、モノ、情報が集積する拠点にし、経済発展の成長エンジンにしたい。

2018・3・30

沖縄を東アジアのクルーズ観光の拠点にする振興計画「東洋のカリブ構想」を発表。岸壁や旅客ターミナルの整備、南西諸島を周遊する商品の開発などでクルーズ客を呼び込む計画。

この病気と向き合い、知事の責任を全うしたい。

２０１８・４・10

浦添市の病院で記者会見し、精密検査の結果、膵臓に腫瘍が見つかったと発表した。

やせたということなので、体力回復がいま一番の眼目だ。

2018・5・15

退院し、29日ぶりに登庁した県庁で記者会見。手術で摘出した膵臓の腫瘍は約3センチで、病理検査の結果、「膵がん」だったと説明した。

安室さんのファッションをまねる
「アムラー現象」が起こり、
若者のファッションリーダーとしても
一時代を築かれました。

2018・5・23

県出身の人気歌手、安室奈美恵さんへ県民栄誉賞を贈呈。日本を代表する女性アーティストとして国内外の第一線で活躍、県民に夢と感動を与えた安室さんの功績の一端を紹介して。

県民が改めてその意思を明確に示すことができるため意義があると考えている。

2018・6・12

県庁で記者会見、県民投票の実施について理解を示した。

民意を顧みず工事が進められている
辺野古新基地建設については、
沖縄の基地負担軽減に逆行しているばかりでなく、
アジアの緊張緩和の流れにも
逆行していると言わざるを得ず、
全く容認できるものではありません。

2018・6・23

沖縄全戦没者追悼式での「知事平和宣言」より。米朝首脳会談などで東アジアをめぐる安全保障環境の変化を指摘しつつ。「『辺野古に新基地を造らせない』という私の決意は県民とともにあり、これからもみじんも揺らぐことはありません」とも。

追悼式終了後、会場を出る安倍晋三首相（左）に目をやる＝ 2018 年6月 23 日午後、糸満市摩文仁の平和祈念公園

全ての責任を持ち自分の決断の下で撤回をする。

2018・7・27

沖縄防衛局の工事が環境保全に配慮していないことや軟弱地盤などの問題が判明したとし、前知事の埋め立て承認を撤回する意志を表明した。土砂の投入という重大局面に差し掛かる前に知事の最大の権限である承認撤回に踏み切った。掲げた言葉は発表1時間前に、集めた県議会与党会派の議員団に語ったもの。

身ぶりを交えながら、埋め立て承認の撤回の理由を説明する＝2018年7月27日午前11時、県庁

号外

沖縄タイムス
OKINAWA TIMES

2018年（平成30年）
8月8日 水曜日
発行所 那覇市久茂地2丁目2番2号
（郵便番号900−8678）沖縄タイムス社
代表電話（098）860−3000

翁長知事 死去

67歳 膵臓がん入院中

沖縄県知事の翁長雄志氏が8日午後7時までに、膵臓《すいぞう》がんのため入院中の浦添総合病院で死去したことが分かった。67歳だった。米軍普天間飛行場の返還に伴う名護市辺野古への新基地建設への反対を訴え、2014年の県知事選で初当選。新基地建設反対を最後まで貫いた。

翁長知事の任期満了に伴う知事選は11月告示、11月18日の投開票が決まっていたが、死去により9月にも知事選が実施される。

翁長知事は膵臓がんの手術を受け、治療を続けていたが、病状の回復のめどがたたず、7月30日に再入院していた。関係者によると意識混濁の状況になっていた。県は8日、謝花喜一郎副知事を職務代理とする方針を発表した。

翁長知事は7月27日に名護市辺野古の新基地建設に伴う埋め立て承認について、「公益に適合しない」などの理由で撤回すると表明。同31日に沖縄防衛局の言い分を聞くための聴聞通知書を県が防衛局へ送ったが、その際には登庁していなかった。

辺野古新基地問題で政府と激しく対峙《たいじ》してきた翁長知事の死去で、基地問題の行方や知事選を含めた県内政局が流動化する。

翁長知事は4月25日に膵臓がんの手術を受け、5月15日に退院。ステージ2のがんだったと公表し、復帰後も公務を制限していた。6月県議会本会議の代表、一般の両質問の全日程に出席。一般質問の初日では治療を理由に欠席を申し出たが、野党会派が反発し、日程を変更し、知事が出席した。

翁長知事を支える県議会与党会派などは11月18日投開票の知事選で、翁長氏の二期目の出馬を前提に協議を進めており、影響は必至だ。

1950年生まれ、那覇市出身。85年に那覇市議に初当選し2期務め、県議（2期）、2000年から那覇市長を4期14年務めた。

身ぶりを交えながら、埋め立て承認の撤回の理由を説明する翁長雄志知事＝7月27日、県庁

詳しくはあすの紙面、電子新聞 沖縄タイムス＋プラス でお読みください。 http://www.okinawatimes.co.jp

死去を報じた「沖縄タイムス」号外

父は生前、沖縄は試練の連続だと。
しかし一度も、ウチナーンチュとしての誇りを
捨てることなく、闘い続けてきた。
ウチナーンチュが心を一つにして闘うときには、
お前が想像するよりもはるかに大きな力になると
何度も何度も言われてきました。

2018・8・11

「土砂投入を許さない!ジュゴン・サンゴを守り、辺野古新基地建設断念を求める県民大会」において、次男で那覇市議の雄治氏が生前の知事の発言を明かした。

知事・官房長官会談　冒頭発言全文（2015年4月5日）

菅義偉内閣官房長官、お忙しい中をこのように時間を割いていただきまして意見の交換の場を作って頂きましたことに感謝を申し上げたい。

いま、官房長官から話がありましたが、沖縄は全国の面積のたった0・6％に74％の米軍専用施設が置かれ、まさしく戦後70年間、日本の安全保障を支えてきた自負もありますし、無念さもあることはあるんですよね。

そういう中で、官房長官の方からそういったことに対して大変、ご理解がある言葉をもらったわけではありますが、そういうことでありましたら去年の暮れ、今年の初めと、どんなにお忙しかったか分かりませんが、こういった形でお話をさせていただいて、その中から物事を一つ一つ進めるということがありましたら、県民の方も理解はもう少し深くなったと思うんですね。

私は日米安保体制が重要だというのは、私の政治の経歴から言っても十二分に理解しております。しかしながら日本の安全保障を日本国民全体で負担をするという気構えがなければ、いま尖閣の話もされましたけれど、たった一県の沖縄県に多くの米軍施設を負担させておいて、日本の国を守るんだと言っても、私はよその国から見ると、その覚悟が大変、どうだろうかと思います。

ですから日本国民全体で負担をする中に日本の安全保障、日米安保体制、日米同盟というようなものをしっかりやっていただきたいというのが私の気持ちであります。

オスプレイなども、本土の方で訓練をするという話もありましたけれど、残念ながら基地を、基幹基地を本土に持っていくという話がないもんで

知事・官房長官　冒頭発言全文

すから、いずれ訓練をしてみんな沖縄に戻ってくるんじゃないかというそういう危惧《きぐ》は今日まで70年間の歴史からすると十二分に感じられることなんですね。不安がある。

そして、どんなに申し上げても米軍の運用に自分たちは口は挟めないというような形で物事が終わってしまいますので、日米地位協定の改定も環境問題もさることながら、抜本的な意味合いでやっていただかないと私は沖縄の危惧するようなものはなかなか日米地位協定の中で解決しにくいと思っています。

私は今日まで沖縄県が自ら基地は提供したことはないんだということを強調しておきたいと思います。

普天間飛行場もそれ以外の取り沙汰される飛行場、基地も、全部戦争が終わって沖縄県民が収容所に入れられて（地元に）いない中で、あるいはいるところは銃剣とブルドーザーで、いないところは普天間飛行場も含めて基地に変わったんですね。私たちの思いとはまったく別に全て強制接収をされたわけであります。

自ら奪っておいてですね、県民に大変な苦しみを今日まで与えて、今や世界一危険だから、普天間危険だから大変だという話になって、その危険性の除去のために沖縄が負担しろ、と。お前たち代替案は持っているのか、日本の安全保障はどう考えているんだ、と。沖縄県のことも考えているのか、というこういった話がされること自体が日本の国の政治の堕落ではないかと思っております。

日本の国の品格という意味でも、世界から見てもおかしいのではないかなと思っておりまして、この70年間という期間の中で、どれくらいの基地の解決に向けて頑張ってこられたかということの検証を含めて、そのスピードからいうと、責任はどうなるのか、これもなかなか見えてこないと思っています。

一昨年でしたか、サンフランシスコ講和条約の発効の時にお祝いの式典がございました。日本の独立を祝うんだ、若者に夢と希望を与えるんだという話がありましたけれど、沖縄にとっては日本と切り離された悲しい日でありまして、そういった思いがある中で万歳三唱を聞いたりすると、本当に沖縄に対する思いはないのではないかなと率直に思いますね。

27年間、サンフランシスコ講和条約で日本の独立と引き換えに、米軍の軍政下に差し出されて、その間、27年の間に日本は高度経済成長を謳歌した。私たちはその中で、米軍との過酷な自治権獲得運動をやってまいりました。想像を絶するようなものでした。官房長官と私は法政大学で一緒でありますけれど、私は22歳までパスポートを持って、ドルで送金を受けて、パスポートで日本に帰ったもんですよ。そういったものを思い浮かべると、あの27年間、沖縄が支えたものは何だったのかなと大変思い出されます。

官房長官が「粛々」という言葉を何回も使われるんですよね。僕からすると問答無用という姿勢が大変埋め立て工事に関して、感じられて、その突き進む姿というのはサンフランシスコ講和条約で米軍の軍政下に置かれた沖縄、そしてその時の最高の権力者がキャラウェー高等弁務官だったが、その弁務官が沖縄の自治は神話であると言った。

私たちの自治権獲得運動に対して、そのような言葉でキャラウェー高等弁務官がおっしゃって、なかなか物事は進みませんでしたけど、いま官房長官が「粛々と」という言葉をしょっちゅう全国放送で出て参りますと、なんとなくキャラウェー高等弁務官の姿が思い出されて、重なり合わすような、そんな感じがしまして、私たちのこの70年間は何だったのかなというようなことを率直に思っております。

プライス勧告と言いまして、27年間の苦しい中でも強制接収された土地をさらにプライスさんという方がおいでになって、強制買い上げをしようとした。とっても貧しい時期でしたから、県民は喉から手が出るほどお金が欲しかったと思うんですけど、みんなで力を合わせてプライス勧告を阻止したんです。ですから、いま私たちは自分たちの手の中に基地が残っているんですね。こういった自治権獲得の歴史を私は「粛々」という言葉には、決して脅かされない、このように思っております。

上から目線の「粛々」という言葉を使えば使うほど、県民の心は離れて、怒りは増幅していくのではないかとこのように思っております。

ですから私は辺野古の新基地は絶対に建設することはできないという確信を持っております。

こういった県民のパワーというものは、私たちの誇りと自信、祖先に対する思い、将来の子や孫に対する思いというものが全部重なっていますので、私たち一人一人の生きざまになってまいりますから、こういう形で粛々と進められるようなものがありましたら、私はこれは絶対に建設することは不可能になるだろうなと思います。

そうしますと建設途中で頓挫することによって、起きうる事態はすべて政府の責任でありまして、その過程で見えますね、世界からも注目してますので、日本の民主主義国家としての成熟度が多くの国に見透かされてしまうのではないかと思っています。

そして、官房長官にお聞きしたいのは、辺野古基地ができない場合、これはラムズフェルド国防長官が普天間は世界一危険な飛行場だと発言され、官房長官も県民を洗脳するかのように普天間の危険性除去のために辺野古が唯一の政策だとおっしゃってますけど、辺野古ができなければ、本当に普天間を固定化されるのかどうか、これを聞かせていただきたいと思うのですね。ラムズフェルドさんも官房長官も2人とも、多くの識者も、世界一危険な基地だと思っているのに、辺野古ができなかったら固定化ができるのかどうか、これをぜひお聞かせ願いたいと思っています。

それから、普天間が返還されて、辺野古にいって4分の1になるんだという話があります。嘉手納以南が返されて相当数返されるというのですが、一昨年、小野寺前防衛大臣がお見えになったとき、一体全体それでどれだけ基地は減るんですか、とお聞きしたら、今の73・8％から、73・1％にしか変わらないんです。0・7％なんです。なぜかというと、那覇軍港もキャンプ・キンザーもみんな県内移設ですから、県内移設でありますので、普天間が4分の1のところにいこうが変わらない。おそらく、官房長官の話を聞いたら、全国民は相当これは進むなと、なかなかやるじゃないかと思っておられるかもしれないけれど、パーセンテージからいうとそういうことです。

それからもう一つ、那覇軍港とかキャンプ・キンザーなどは2025年まで、2028年までには返しますと書いてあるんですが、その次に「またはその後」と書いてあるんですよ。これ日本語としてどうなんだろうかと思うんですけどね、2025年、2028年までに返すんだということを書いておいて、その次に「またはその後」という言葉が付いているんですね。これでは、「話クワッチー」といって沖縄では「話のごちそう」というのがあるんですが、いい話をして、局面を乗り越えたらそのことは知らんぷりというのが戦後70年間の沖縄の基地の問題だったと思うんですよね。いまこうしておっしゃられてオスプレイはどこそこに持っていくんだ、あるいはたくさんの基地が返るんだという話をされても、「またはその後」が付けば、50年くらい軽くかかるんじゃないかという危惧は、沖縄県民はみんな持っているんですね。ですからこういうところをぜひ、ご理解いただきたいと思っています。

安倍総理が「日本を取り戻す」という風に、2期目の安倍政権からおっしゃってましたけど、私からすると、日本を取り戻す日本の中に、沖縄は入っているんだろうかなというのが、率直な疑問ですね。

それから「戦後レジームからの脱却」ということもよくおっしゃいますけど、沖縄では戦後レジームの死守をしているような感じがするんですよ。一方で、憲法改正という形で日本の積極的平和主義を訴えながら、沖縄で戦後レジームの死守をするようなことは、私は本当の意味での国の在り方からいうとなかなか納得がいきにくい、そういうものを持っております。

それから昨日、一昨日の官房長官の沖縄県民の民意というのがありました。

いろいろなものがあってあの選挙は戦ったんだよ、と。だからいろいろあるでしょう、という話がありましたけれど、昨年の名護市長選挙、特に沖縄県知事選挙、衆議院選挙、争点はただ一つだったんですよ。何かというと前知事が埋め立ての承認をしたことに対する審判を問うたんです。ですからテレビ討論、新聞討論、確かに教育、福祉、環境、いろいろあります。いろいろありますが、私と前知事の違いは、埋め立て承認以外には違いがないんです、政策に。

ですからあの埋め立て承認の審判が今度の選挙の大きな争点になりまして、その意味で10万票差で当選したということは、もろもろの政策にやったようなものではないんだということをぜひご理解いただきたい。

ですから、沖縄県民の辺野古基地の反対というのはですね、県民の圧倒的な考えが示されたものだと思っております。そういうことで、ぜひご理解いただきたいと思います。

振興策も話をされておりましたので、私は沖縄県はいろいろ難しいのもあります。

例えば、基地があることによって困ったことは何だったかというと、9・11のニューヨークテロでビルに飛行機がぶつかっていった時に、大変なことが起きたと思ったら、1週間後に沖縄に観光客が4割来なくなったんですよ。4割来ないということが大変なこと、あの時の沖縄県の苦しみは大変だったですね。

尖閣も、日本固有の領土でありますし、守るというのも結構でありますけどしかしながら尖閣で何か小競り合いがあると、いま石垣島に100万人の観光客が来てますけども、小競り合いがあったら、すぐ100万観光客が10万くらいに減るという危険性も十二分に持っているんですね。

ですから私はそういう意味からして、ぜひとも沖縄は平和の中であって初めて沖縄のソフトパワー、自然、歴史、伝統、文化、万国津梁の精神、世界の懸け橋になる、日本のフロントランナーとなる。そういった経済的にもどんどん伸びていって、平和の緩衝地帯として、他の国々と摩擦が起きないような努力の中に沖縄を置くべきだと思うのであって、米軍基地があったりすると、最近はミサイルが発達してますので、1発2発で沖縄が危なくなる。

　こういったことなども考え合わせると、米軍もアメリカももうちょっと遠いところに行きたがってるんじゃないかな、と。日本の方がかえってそれを止めて抑止力という形でやっておられるんじゃないかという疑問が大変ございます。

　アジアを見据える、あるいは中東を見据えるところまで沖縄の基地が使われるんじゃないかと思ってますけど、この辺の根本的なご説明がないと、新辺野古基地はおそらくは難しい。県民の今日までのいろんな思いは絶対に小さくはなりません。もっと大きくなって、この問題に関して私は話が進んでいくと思っています。

　そういうことで、私は今日官房長官にお話はさせていただきましたが、安倍総理にもこのような形でお話する機会があれば大変ありがたいと思いますけどね、その面談のお手配をお願いしたいと思いますし、基地負担軽減担当大臣でもございますので、ぜひ辺野古の建設の中止をされながら、しっかりと話し合いをして基地問題を解決していただきたいと思っていますので、よろしくお願いを致します。

県民大会　あいさつ全文（２０１５年５月17日）

ハイサーイ、ぐすーよーちゅーうがなびら。うちなー県知事ぬ翁長雄志やいびん、ゆたさるぐとぅうにげーさびら。新辺野古基地を造らせないということで、ご結集いただいた皆さん、外野席もいっぱいであります。３万人を超えて、

4万、5万と多くの県民が集まっていると思っております。うんぐとぅあちさぬなか、うっさきなーあちまてぃくみそーち、いっぺーにへーでーびる。まじゅんさーに、ちばらなやーさい。

私は多くの県民の負託を受けた知事として、県の有するあらゆる手法を用いて辺野古に新基地は造らせない。この公約実現に向けて全力で取り組んでいくことを、今皆様方に改めて決意をいたします。

先月、私は安倍晋三首相、菅官房長官と会談させていただきました。お二人との会談内容を国民の皆さまが注目することになり、ほとんどの中央メディアの世論調査で、平均して（反対が）10％ほど上回る意思を表示していただきました。本土と沖縄の理解が深まったことに、大変意を強くいたしております。さらに、辺野古基金においても本土からの支援が多く寄せられていると聞いており、心強い限りで、ともどもにこの沖縄から日本を変えていきたい、こう決意をしているところであります。

しかし私が、沖縄の民意を伝えたにもかかわらず、日米首脳会談の共同会見において、安倍首相が「普天間飛行場の危険性を辺野古建設によって一日も早く除去する」と発言されました。私は強い憤りを感じております。安倍首相は「日本を取り戻す」と言っておりますが、私からするとこの「日本を取り戻す」の中に、沖縄が入っているのかと強く申し上げたいと思います。「戦後レジームからの脱却」とよく言っておりますが、沖縄に関しては「戦後レジームの死守」をしていると、私はこう思っております。沖縄の基地問題無くして、日本を取り戻すことはできません。

日本の安全保障は、日本国民全体で負担する気構えがなければ、沖縄のほとんどの県民に負担をさせておいて、日本の国を守ると言っても、仮想敵国から日本の覚悟のほどが見透かされ、抑止力から言っても、私は、どうだろうかなと思っているわけであります。

特に沖縄から見ると、日本が独立し、沖縄が切り離されたサンフランシスコ講和条約の祝賀式典で万歳三唱する姿を見ると「また同じ歴史が繰返されることはないだろうか」あるいは「ミサイル数発で沖縄が沈むことはないだろうか」「将来の子や孫が捨て石として犠牲とならないか」。沖縄に責任を持つべき責任世代としてしっかりと見極めていかなければなりません。

そして、これは強調しておかなければなりません。政府は普天間基地の危険性の除去はこの問題の原点だと言っておりますが、沖縄から言わせると、さらなる原点は普天間基地が戦後米軍に強制接収されたことにあります。

何回も確認を致します。沖縄は自ら基地を提供したことは一度もございません。普天間飛行場もそれ以外の基地も、戦後、県民が収容所に収容されている間に接収され、また居住所等をはじめ、強制接収されて、基地建設がなされたのであります。自ら土地を奪っておきながら、「普天間飛行場が老朽化したから」「世界一危険だから」「辺野古が唯一の解決策だ」「沖縄が負担しろ、嫌なら沖縄が代替案を出せ」こういう風に言っておりますが、こんなことが許されるでしょうか。

私はこのことを日本の政治の堕落だと言っているわけであります。

自国民に自由と人権、民主主義という価値観を保障できない国が、世界の国々とその価値観を共有できるでしょうか。日米安保体制、日米同盟というものは、私はもっと品格のある、世界に冠たる誇れるものであってほしいと思っています。

一方、（外務・防衛担当閣僚による安全保障協議委員会の）2プラス2共同発表には、世界一危険だと指摘されている普天間飛行場の5年以内の運用停止が明示されていません。普天間飛行場の5年以内の運用停止について、前知事は県民に対し「一国の総理および官房長官を含め、しっかりと言っている。それが最高の担保」だと説明しています。

5年以内運用停止は前知事が埋め立て承認に至った大きな柱であります。しかし、米国側からは日米首脳会談でも言及することはありませんでした。5年以内運用停止は辺野古埋め立て承認を得るための話のごちそう、話くゎっちー、空手形だったのではないかと私は危惧しております。今日までの70年間の歴史、いつも困難の壁があるときは、必ず、話のごちそう、「話くゎっちー」をウチナー県民にも、国民にも聞かせて、それを乗り越えたら知らんぷりと。これが70年の沖縄基地問題の実態です。

私は安倍首相にお聞きしました。ラムズフェルド元国防長官が13年前、普天間基地は世界一危険な基地だと発言し、菅官房長官もそのことを再三再四言うなかで、辺野古が唯一の解決策だといっている。辺野古基地ができない場合、本当に世界一危険な普天間基地は固定されるのか、首相に聞きましたら返事はありませんでした。しかし私は自由と人権と民主主義の価値観を、共有する国々との連帯を目指す日米同盟がそんなことはできないと思っています。

新辺野古基地の建設を阻止することが普天間飛行場を唯一解決する政策です。

中谷防衛相との対談では、今日の中国の脅威を説明し、数字を挙げ、新辺野古基地が唯一の解決策だと話をした。「いかに現在が危機的な状況で

あるか」「自衛隊の増強も必要だ」「沖縄がいかに安全保障にとって重要か」と、得々と説明しております。しかし考えてみると沖縄のこの70年間、冷戦構造時代のときも大変でした。今も危機があるといっているが、私たちは積極的平和主義の名の下に、中東まで視野に入れながら、これから日米同盟が動くことを考えると、沖縄はいつまで世界の情勢に自らを投げ捨てなければいけないのか。私はこれについてしっかりと対処していきたい。

安倍首相が、二つのことが前に進んでいると私に話しました。

一つは嘉手納以南の（返還の）着実とした進展、もう一つはオスプレイは全国に配備し、少しずつよくなっていますよと話しました。こういう話を聞くと本土の方々はなかなかやるじゃないか、少し前に進んだんだなあと思っていると思います。

しかし、私は首相に申し上げました。首相がおっしゃるように普天間飛行場が新辺野古基地に移り、そして嘉手納以南が返された場合、一体全体、何％基地が減るんですか。これは、73・8％が73・1％。たったの0・7％しか減らないんですよ、みなさん。

何でかというと、全部県内移設だからです。外に持って行く話ではまったくないんです。これが本土の方々には分かっていない。嘉手納以南をみんな返すぞと、こういうことで分かっていない。

それから、オスプレイ。あれは森本敏元防衛相の5年前の著書の中で沖縄にオスプレイが配備されるだろうと書いてあります。見事に的中しております。そして、その中に何が書いてあったかといいますと、あの新辺野古基地はオスプレイを100機以上もってくるために設計されて、これからすべて、オスプレイが向こうに置かれるんだということが、あの森本さんの著書の中に書いてあるんです。

ですから、今本土で飛んでいるオスプレイは一定程度が過ぎたら、みんな沖縄に戻ってくるんです。これを日本の政治の堕落だということを申し上げているんです。

どうか日本の国が独立は神話だと言われないように、安倍首相、頑張ってください。

ウチナーンチュ、ウシェーティナイビランドー(沖縄の人をないがしろにしてはいけない)。

代執行訴訟　意見陳述全文（2015年12月2日）

①沖縄県知事の翁長雄志でございます。
本日は、本法廷において意見陳述する機会を与えていただきましたことに、心から感謝申し上げます。

私は、昨年の県知事選挙で「オール沖縄」「イデオロギーよりアイデンティティー」をスローガンに、保守・革新の対立を乗り越えて当選を致しました。

本件訴訟の口頭弁論にあたり、私の意見を申し上げます。

②歴史的にも現在においても沖縄県民は自由・平等・人権・自己決定権をないがしろにされて参りました。私はこのことを「魂の飢餓感」と表現しています。政府との間には多くの課題がありますが、「魂の飢餓感」への理解がなければ、それぞれの課題の解決は大変困難であります。

③簡単に沖縄の歴史をお話しますと、沖縄は約500年に及ぶ琉球王国の時代がありました。日本と中国・朝鮮・東南アジアを駆け巡って大交易時代を謳歌しました。琉球は1879年、今から136年前に日本に併合されました。これは琉球が強く抵抗したため、日本政府は琉球処分という名目で軍隊を伴って行ったのです。併合後に待ち受けていたのが70年前の第二次世界大戦、国内唯一の軍隊と民間人が混在しての凄惨な地上戦が行われました。沖縄県民約10万人を含む約20万の人々が犠牲になりました。

④戦後は、ほとんどの県民が収容所に収容され、その間に強制的に土地を接収され、収容所からふるさとに帰ってみると普天間飛行場をはじめ米軍基地に変わっていました。その後も、住宅や人が住んでいても「銃剣とブルドーザー」で土地を強制的に接収されました。

⑤1952年、サンフランシスコ講和条約による日本の独立と引き換えに、沖縄は米軍の施政権下に置かれ、日本国民でもアメリカ国民でもない無国籍人となり、当然日本国憲法の適用もなく、県民を代表する国会議員を一人も国会に送ったことはありませんでした。犯罪を犯した米兵がそのまま帰国することすらあった治外法権ともいえる時代でした。ベトナム戦争の時は沖縄からB52爆撃機の出撃をはじめいろいろな作戦が展開されており、沖縄は日米安保体制と、日本の平和と高度

経済成長を陰で支えてきた訳です。

しかし、政府は一昨年、サンフランシスコ講和条約が発効した4月28日を「主権回復の日」として式典を開催し、そこでは万歳三唱まで行われたのです。沖縄にとっては悲しい、やるせない式典でした。全く別々の人生を歩んできたような気がします。

⑥1956年、米軍の施政権下で沖縄の政治史に残ることが起きました。プライス勧告といって、銃剣とブルドーザーで強制接収した土地を、実質的な強制買い上げをするという勧告が出されました。当時、沖縄は大変貧しかったので喉から手が出るほどお金が欲しかったはずですが、県民は心を一つにしてそれを撤回させました。これによって、基地のあり方に、沖縄の自己決定権を主張できる素地がつくられ、私たちに受け継がれているのです。

⑦沖縄が米軍に自ら土地を提供したことは一度もありません。そして戦後70年、あろうことか、今度は日本政府によって、海上での銃剣とブルドーザーを彷彿させる行為で美しい海を埋め立て、私たちの自己決定権の及ばない国有地となり、そして、普天間基地にはない軍港機能や弾薬庫が加わり、機能強化され、耐用年数200年ともいわれる基地が造られようとしています。今沖縄には日本国憲法が適用され、昨年のすべての選挙で辺野古新基地反対の民意が出たにもかかわらず、政府は建設を強行しようとしています。米軍基地に関してだけは、米軍施政権下と何ら変わりありません。

米軍施政権下、キャラウェイ高等弁務官は沖縄の自治は神話であると言いましたが、今の状況は、国内外から日本の真の独立は神話であると思われているのではないでしょうか。

⑧辺野古新基地は、完成するまで順調にいっても約10年、場合によっては15年、20年かかります。その期間、普天間基地が動かず、危険性が放置される状況は固定化そのものではないでしょうか？

⑨本当に宜野湾市民のことを考えているならば、前知事の埋め立て承認に際して、総理と官房長官の最大の約束であった普天間基地の5年以内の運用停止を承認後着実に前に進めるべきではなかったでしょうか。しかし、米国からは当初からそんな約束はしていない、話も聞いたこともないと言われ、前知事との約束は、埋立承認をするための空手形ではなかったのか、それを双方承知の上で埋立承認がなされたのではないか、いろいろな疑問が湧いてきます。

日本政府に改めて問いたい。普天間飛行場は世界一危険だと、政府は同じ言葉を繰り返しているが、辺野古新基地ができない場合、本当に普天間基地は固定化できるのでしょうか。

⑩次に基地経済と沖縄振興策について述べたいと思います。

一般の国民もそうですが、多くの政治家も、「沖縄は基地で食べているんでしょう。だから基地を預かって振興策をもらったらいいですよ」と沖縄に投げかけます。この言葉は、「沖縄に過重な基地負担を強いていることへの免罪符」と「沖縄は振興策をもらっておきながら基地に反対する、沖縄は甘えるな」と言わんばかりです。これくらい真実と違い沖縄県民を傷つける言葉はありません。

⑪米軍基地関連収入は、終戦直後にはGDPの約50％。基地で働くしか仕方がない時代でした。日本復帰時には約15％、最近は約5％で推移しています。

経済の面では、米軍基地の存在は今や沖縄経済発展の最大の阻害要因になっています。

例えば、那覇市の新都心地区、米軍の住宅地跡で215ヘクタールありますが、25年前に返還され、当時は軍用地料等の経済効果が52億円ありました。私が那覇市長になって15年前から区画整理を始め、現在の街ができました。経済効果としては52億円から1634億円と32倍、雇用は170人程度でしたが、今は1万6千人、約100倍です。税収は6億円から199億円と33倍に増えています。

沖縄は基地経済で成り立っているというような話は今や過去のものとなり完全な誤解であります。

⑫沖縄は他県に比べて莫大な予算を政府からもらっている、だから基地は我慢しろという話もよく言われます。年末にマスコミ報道で沖縄の振興予算3千億円とか言われるため、多くの国民は47都道府県が一様に国から予算をもらったところに沖縄だけさらに3千億円上乗せをしてもらっていると勘違いをしてしまっているのです。

⑬沖縄はサンフランシスコ講和条約で日本から切り離され、27年間、各省庁と予算折衝を行うこともありませんでした。ですから日本復帰に際して沖縄開発庁が創設され、その後内閣府に引き継がれ、沖縄県と各省庁の間に立って調整を行い沖縄振興に必要な予算を確保するという、予算の一括計上方式が導入されたのです。沖縄県分は年末にその総額が発表されるのに対し、他の都道府県は、独自で予算折衝の末、数千億円という予算を確保していますが、各省庁ごとの計上のため、沖縄のように発表されることがないのです。

⑭実際に、補助金等の配分額でみると沖縄県が突出しているわけではありません。例えば、地方交付税と国庫支出金等の県民一人あたりの額で比

較しますと沖縄県は全国で6位、地方交付税だけでみると17位です。

⑮都道府県で国に甘えているとか甘えていないとかと、いわれるような場所があるでしょうか。残念ながら私は改めて問うていきたいと思います。沖縄が日本に甘えているのでしょうか。日本が沖縄に甘えているのでしょうか。ここを無視してこれからの沖縄問題の解決、あるいは日本を取り戻すことなど、できないと断言します。

沖縄の将来あるべき姿は、万国津梁の精神を発揮し、日本とアジアの架け橋となること、ゆくゆくはアジア・太平洋地域の平和の緩衝地帯となること。そのことこそ、私の願いであります。

⑯この裁判で問われているのは、単に公有水面埋立法に基づく承認取り消しの是非だけではありません。

戦後70年を経たにもかかわらず、国土面積のわずか0・6％しかない沖縄県に、73・8％もの米軍専用施設を集中させ続け、今また22世紀まで利用可能な基地建設が強行されようとしています。

日本には、本当に地方自治や民主主義は存在するのでしょうか。沖縄県にのみ負担を強いる今の日米安保体制は正常といえるのでしょうか。国民の皆さますべてに問いかけたいと思います。

沖縄、そして日本の未来を切り拓く判断をお願いします。

政治とは妥協の芸術品である

1999年10月14日午前11時すぎ。県議会の委員会室は傍聴者の激しい怒号が飛び交っていた。米軍基地関係特別委員会で、自民など与党3会派から出された「普天間飛行場の早期県内移設に関する要請決議」の審議が始まった。野党委員と向き合う形で提案理由を説明したのが自民県連幹事長の翁長雄志さんだった。

「皆さんの拙速な対応が後世に禍根を残す」。野党委員の厳しい追及を翁長さんは巧みにかわし、早期の県内移設の必要性を説く。19年前のことで、細かい言葉は覚えていない。だが、まっすぐ前を見据え、自信にあふれた翁長さんの姿は今でも鮮明に思い出すことができる。

前年秋の知事選で稲嶺恵一氏が、県内移設に反対して3期目に挑んだ現職の大田昌秀氏を破った。勝利の立役者が翁長さんで、自民県連のエースの座を不動のものにしていた。

その翁長さんは当時、パーティーなどのあいさつでこんなことをよく口にした。「政治とは妥協の芸術品である」。現実的な選択の中で、理想と信頼をどこまで保てるのかが、政治家の手腕であると。自身の政治信条だったと思う。

翁長さんが主導した県内移設を認める決議は、16時間に及ぶ激しい審議の末、賛成多数で可決された。

自身の政治信条に照らせば、県内移設は「妥協の芸術品」だったということなのだろうか。翁長さんが県内移設反対を掲げて登場した当初、動機と真意を測りかねた。過去の言動との整合性をどう自身の中で整理しているかを、いつか直接聞いてみたいと思っていたが、それはもうかなわない。

(編集局次長・稲嶺幸弘、当時社会部)

平和が一番大切だと思っている

「父（翁長）助静が教え子たちと遺骨を収集した糸満市の魂魄の塔にお参りし、決意を述べた。決断と実行力が那覇を変えていく」。2000年11月5日。那覇市長選に立候補し、新都心開発前の天久の選対本部前で放った翁長雄志さんの力強い第一声が忘れられない。選挙は激しい集票合戦の末、翁長さんが革新側の候補を退け、32年間の革新長期政権に終止符を打つ。

那覇市長選の翁長候補担当として選挙期間中、選対本部に出入りし、翁長さんに選挙への思いや自身の歩みについて聞いた。政治信条をうかがったとき、早口で語ったのが意外にも「僕はね、平和が一番大切だと思っているんだよ」という言葉だった。

当時翁長さんは自民党県連の幹事長まで務めた保守本流の政治家。保守＝振興・基地賛成、革新＝平和というイメージが強かった当時のことだ。その2年前の2月には、名護市長選挙で海上ヘリ基地建設の賛成派が推す岸本建男氏を強力サポート、翁長さんは岸本氏の当選を腕を掲げて喜んでいた。その秋の知事選で現職の大田昌秀氏を破った稲嶺恵一氏の勝利に貢献したのも翁長さんだった。

翁長さんの政治の歩みは、那覇市長選、県知事選でみればいわば「弔い合戦」だったと言える。父助静さんは1972年の那覇市長選、兄助裕さんは94年の県知事選で屈辱を味わった。その悔しさを晴らすように翁長さんは、那覇市長選、さらに県知事選と勝利の道を進む。父、兄への尊い思い、強い絆は、大型選挙に挑んだ闘いの熱源だったのだろう。

（学芸部長・中島一人、当時社会部）

自分の名前書くのが苦手なんだ

２０００年12月1日。翁長雄志さんは、親泊康晴前市長との引き継ぎ書に神妙な面持ちで署名した。

少年時代からの夢だった那覇市長就任で、かなり緊張していた。と思いきや、それだけではなかった。字にコンプレックスがあって「自分の名前を書くのが苦手なんだよ」と苦笑いしながら告白した。

保守系として32年ぶりに市政を奪還して市長になった翁長さんは、組織を改編したり、ＩＳＯを取り入れ苦情の多かった窓口を改善するなど、次々と新機軸を打ち出した。市政担当として、公式発表前に記事にしようと情報収集に駆けずり回った。

当時、市の最大の行政課題はごみ問題だった。南風原町新川にある焼却炉は耐用年数を過ぎ、最終処分場は使用期限が差し迫っていた。翁長さんは選挙中から、まずこの問題に取り組むことを公言していた。

市のずさんな使用による悪臭や汚水で周辺住民の不信感は拭いがたいものになっていた。翁長さんは地域に足しげく通い、膝詰めで住民と話をした。その熱意に住民は不信感を解き、新炉建設のメドがついた。最終処分場は政府と交渉して県内初の海面型を実現した。

翁長さんは市民にごみ減量を呼び掛けるとともに、自身、自宅で屋上緑化を実践した。記者を招いてお披露目したことがある。「1人で重い土を運ぶのが大変だったよ」と苦労話も楽しげだったのを覚えている。

苦手だった字は市長就任直後から書道を習い始め、めきめき上達していった。

目標を決めたら公言し、実行し、実現する。有言実行の人。それが市長時代の翁長さんだった。

（社会部南部報道部・高崎園子、当時社会部）

あんたは身体に気を付けないと

「翁長雄志市長が午後1時半から臨時会見を開きます」。2006年4月7日午前、那覇市広報課からリリースが入った。那覇市担当だった私は市長に異変が起きたと思い、秘書課や市の幹部らに次々と電話を入れたが、いずれも「(会見)内容は分からない」との返答だった。

翁長市長に近い関係者に連絡を取ると「市長が初期の胃がんで手術する」との情報を得た。確認が取れ、本社に連絡して夕刊の早版社会面に「胃がん治療で翁長市長休職」との見出しの短い記事を入れた。

午後1時半から始まった会見では、胃がんの病状のほか、秋の知事選への対応への質問も飛んだ。当時2期目の稲嶺恵一知事は3選出馬せず、勇退するとの見方が強かった。翁長市長は「ポスト稲嶺」の最有力候補と見られていた。

会見で翁長市長は知事選について「こういう状況もあり、ご理解いただけると思う」とコメント。夕刊遅版社会面に3段見出しで「翁長市長　知事選を断念」との記事を書いた。

会見を終え、はっとわれに返った。前日、市役所で翁長市長にコメントを取るために取材を申し込み、取材を終えると応接室で30分程度懇談していたからだ。健康管理の大切さを痛感していたのだろう。100キロを超える私の体型を見かねてか「あんたは身体に気を付けないといけないよ」と諭すように言われた。

翁長さんは4月13日に胃の全摘手術を受け、療養を経て5月19日、42日ぶりに登庁。体重は約10キロ、ウエストが13センチ減ったスリムな姿で復帰会見に臨んだ。市政運営への意欲を語る口調は休職前より力強かった。

(読者局・平良吉弥、当時社会部)

昨日は出られなくてごめんね

２００８年12月10日深夜。那覇市担当だった私は那覇市大道の翁長雄志市長の自宅前で市長の帰りを待っていた。家族は不在と伝えたが、市長宅の明かりのついた窓には時折人影が動いた。居留守かもしれないと思いつつ、記事の締め切り時間が迫り焦っていた。

「巨人が那覇でのキャンプを決定したらしい。球団オーナーが言っているから間違いない」

東京支社長から本社に一報が入ったのは午後7時半すぎ。都内のパーティーで名刺交換した読売巨人軍のオーナーに巨人の那覇キャンプの話題を切り出し、誘致をお願いしたら、「それならもう決まった。宮崎と那覇、半々で来年からやります」との返答があったと、興奮気味に伝えてきていた。

巨人の春季キャンプ誘致は、ファンを自認する市長の「悲願」だった。東京出張のたびに球団に足を運び、直接交渉を続けていた。

もし、巨人が那覇キャンプを決めたのなら、市長本人が知らないはずはなかった。頭によぎった「居留守」は、日ごろ唐突な質問にも気さくに応じる翁長市長らしくない。球団との信頼関係を守るための沈黙とも考えられた。「これが答えかもしれない」と思い、自宅前を後にした。

翌朝7時。1面トップに「巨人　那覇キャンプへ」の見出しが躍る本紙を手に再び市長宅を訪れた。翁長さんは玄関から出ると真っすぐこちらに歩み寄り、「(記事は) 大体当たっているよ。昨日は出られなくてごめんね」と、にやり笑った。

(総合メディア企画局・座安あきの、当時社会部)

安倍氏の政治は稚拙だ

翁長雄志さんはその夜、背広姿で懇談場所の那覇市内の居酒屋に現れた。民主党が自民党に政権を奪われる2012年の衆院選投開票日（12月16日）の4日前のことだ。当時、翁長さんは那覇市長選で4期目の当選を果たしたばかりで、衆院沖縄1区の自民候補の選対本部長を務めていた。

翁長さんにぜひ聞いてみたいことがあった。3週間前に朝日新聞に掲載された翁長さんの長文インタビュー記事の件だった。解散総選挙で「沖縄」が争点にならないことにいらだち、「甘えているのは沖縄ですか、それとも本土ですか」と訴えた。

インタビュー記事の件を振ると、翁長さんは2人の自民党政治家の名前を口にした。一人は「野中広務」、もう一人は「安倍晋三」だった。記事を読んだ野中さんから激励のメッセージが自宅の留守電に入っていたことを、うれしそうに明かした。

そして、もうすぐ2度目の首相に返り咲くことが確実視された安倍氏について語ると口調が変わりこう言った。「彼（安倍氏）の政治は稚拙だ」と。戦争体験のあるハト派で官房長官も務めた野中氏が、沖縄への贖罪意識から県民の声に真摯に耳を傾けてくれたことを挙げ、その対極にあるのが「安倍政治」という趣旨の話だった。

その2年後、翁長さんは自民のエースの座を捨て、新基地建設阻止を掲げて知事選に挑み初当選した。だが、知事就任後の3年8カ月は、本人が評した「稚拙な政治」と対峙し、解決の糸口を見い出せぬまま病に倒れ、帰らぬ人となった。翁長さんの最大の誤算は、安倍政権がここまで続くと予期していなかったことだったと思う。

（編集局次長・稲嶺幸弘、当時政経部）

辺野古で県民がついてこれるか

「次世代に禍根を残すことのない責任ある行動こそが、今、強く求められる」。２０１４年9月10日の那覇市議会で、那覇市長だった翁長雄志さんは知事選出馬を表明した。

当時、私はこの「表明」を記事にするため翁長さんの動向を日夜追っていた。自宅前や行き付けの飲み屋まで回り、本人や関係者から話を聞いた。翁長さんは一度も嫌な顔をせず、対応してくれた。

同年8月30日。栄町市場内の居酒屋で待ち伏せしていると、向かいの店に翁長さんが家族と一緒に訪れた。ガラス窓越しに様子を見ると、穏やかな笑顔でワインを楽しむ姿。慌ただしい日々の中で、ひと息つける貴重な時間だったはずだ。

私の存在に気付いていた翁長さんは食事後、家族を先に帰し、手招きして店に呼び込んでくれた。翁長さんが熱弁したのは、自宅の屋上緑化や那覇市の協働のまちづくり。肝心の知事選には「できれば那覇市に骨を埋めたい」「辺野古で県民がついてこれるかどうかだ」と、言及はしなかったが時期は近いと感じた。

ほろ酔いで店を出た後、私が「ボディーガードとして家まで送ります」と言うと、翁長さんは「殺されてもおかしくないからな」と笑いながら一緒に歩いた。

同年10月3日の市長退任式では「小学生からの夢だった那覇市長に当選させてもらい今日までできた」と語り、座右の銘で締めくくった。「身を捨ててこそ浮かぶ瀬もあれ」「人生は重荷を負うて遠き道を行くがごとし」

（社会部・吉川毅）

国と戦うためには厳しくないと

「県民は仲井真知事の埋め立て承認を承認していない。今回の知事選で審判が下される」。２０１４年10月15日、初めて言葉を交わしたのは知事選担当記者としてインタビューしたときだった。退路を断ち保守から転身した政治家の覚悟に触れ、なぜか背筋がぞくっとしたことを覚えている。

以来、辺野古問題を巡り国と真っ向から対峙する翁長雄志さんを追い掛けてきた。その3年8カ月の印象は「孤高」だ。辺野古新基地は絶対に造らせないと高い目標を掲げたが、その戦いは孤独だった。周囲にほとんど助言を求めず、承認取り消しなど重大な決断は常に自身が下してきた。

鋭く国と対立する緊張から、表情はいつもこわばっていた。栄町市場で飲みながら語ったという先輩記者の話がうそであるかのように、記者を寄せ付けなかった。

だが、翁長さんの胸の内に触れたことがある。16年5月、世界のウチナーンチュ大会周知のための北米出張に同行し、バンクーバーのギリシャ料理店で翁長さんが好きな赤ワインを片手に囲んだときだ。

「ごめんね、いつも怖い顔して。本当は丁寧に応じたいんだけど、なかなかそうはいかなくて。心を鬼にして無視してるんだよ。これがどれほどつらいか。国と戦うにはこれくらい厳しくしないといけないんだ」。つかの間、沖縄から離れ緊張が解けたのか。赤くほてった顔から白い歯をのぞかせながら繰り返した。

病気が発覚する直前の今年3月。担当が変わることになり翁長さんにあいさつをした。「寂しくなるなあ。でも、頑張って戦おうな」。握手した手からは、知事として国とまだまだ戦い続ける覚悟を感じた。

（政経部・大野亨恭）

【マ行】

【ヤ・ラ・ワ行】

辺野古移設を巡る沖縄県と国の五つの訴訟

	工事差し止め訴訟	違法確認訴訟	係争委への不服訴訟	抗告訴訟	代執行訴訟
原告→被告	県→国	国→県	県→国	県→国	国→県
提訴日	2017年7月24日	16年7月22日	16年2月2日	15年12月25日	15年11月17日
裁判所	那覇地裁	福岡高裁那覇支部	福岡高裁那覇支部	那覇地裁	福岡高裁那覇支部
請求内容	県の岩礁破砕許可を得ずに工事を進めるのは違法で、差し止めを求める	埋め立て承認取り消しに対する国の是正指示に従わないのは違法との確認を求める	国地方係争処理委員会の決定に不服。承認取り消しの効力を停止した国交相決定の取り消しを要求	承認取り消しの効力を停止した国交相決定の取り消しを要求	翁長雄志知事による埋め立て承認取り消し処分の取り消しを要求
結果	18年3月13日一審で県敗訴	16年12月20日最高裁で県敗訴	16年3月4日に和解	16年3月4日に和解	16年3月4日に和解

【タ行】

【ナ行】

【ハ行】

【サ行】

索　引

【ア行】

【カ行】

沖縄県知事　翁長雄志の「言葉」

2018年9月8日　第1刷発行
2019年1月29日　第3刷発行

編　者　　沖縄タイムス社
発行者　　武富和彦
発行所　　沖縄タイムス社
〒900-8678　那覇市久茂地2－2－2
電話／098-860-3591　FAX／098-860-3830（出版部）
印刷所　　株式会社東洋企画印刷

価格はカバーに表示してあります。
無断複製・転載を禁じます。
ISBN　978-4-87127-255-1